JN409453

詩場에 나가보면
싼시 짠시가 널려있다

김남곤 일곱 번째 시집

詩場에 나가보면
싼시 짠시가 널려있다

인 쇄 2021년 6월 5일
발 행 2021년 6월 10일
지은이 김남곤
발행인 서정환
펴낸곳 신아출판사
주 소 전라북도 전주시 완산구 공북1길 16
전 화 (063) 275-4000
팩 스 (063) 274-3131
이메일 sina321@hanmail.net
출판등록 제465-1984-000004호
인쇄 · 제본 신아출판사

ISBN 979-11-5605-919-6 (03810)
값 12,000원

잘못된 책은 바꿔 드립니다.

김남곤 일곱 번째 시집

詩場에 나가보면 싼시 짠시가 널려있다

신아출판사

책머리에

詩場에 나가보면
별별 오로라가 다 떠있다.
나도
비록 끝물이라서
때깔은 그리 곱지는 않지만
구석자리 하나 펴놔봤다.
그러나 이젠 낡은 갓 챙겨 쓰고
짐 지고 나간다는 게 버겁고
부끄러울 뿐이다.
이 시대를 지내면서 그르다고 생각하는 옳음도
옳다고 생각하는 그름도
모든 게 하늘에
죄짓는 말 같아
부형청죄負荊請罪 하는 심정으로
살고 있다.

2021년 꽃피고 지는 봄날
全州 김남곤

차 례

I

된밥 되지 말고 진밥 되거라

Ⅱ

연자방아 돌아가는 기막힌 세월

III

그래도 뼈대 있다 외칠만했다

IV

어디 가서 고깔도 없이 머리 두르고 사는지

V

대패 속에 숨어있는 서릿발 같은 쇳날을 보며

VI

열두 마당 큰 대문이 떠들썩하게

I 부

된밥 되지 말고 진밥 되거라

늙새

늙새가
울고 있다

나뭇가지도 없고
하늘마루도 없는

대한국민
늙새가.

막사발

부엌은
어두컴컴했다
막사발은 하루의 묽은 노동을 마치고
대발 살강위에 발을 뻗고 누워있다
그것들은 셈법이 있는 듯 없는 듯해도
낡은 부엌살림을 거느리는 입심이 셌다

어느 날
시래기죽이 허옇게 밭은 저녁상이었을 것이다
막사발은 서로 붙안고 우는 건지 웃는 건지
한바탕 살 비비며 자그락거렸다
그러나 이가 빠져 상머리를 내어준 일은 결코 없었다.

물수제비

더듬거리며
힘쓸 만큼 달려갔을 때
되돌아와야 할 길은 이내 저물어
밤새가 울었다

거기
일그러진 물그림자 속에
힘 빠진 팔뚝 하나가
곡예사처럼 휘어져 있었다.

루빠의 망치

대장간은
강변에서 꽤나 멀리
보이지 않는 안개 속에 묶여 있었다

망치가 밥을 먹여 주겠노라
번개처럼 달려갔을 때
누군가가 그 상기된 손잡이 끝에
'루빠用*'이라고 새겨주었다

고딕체인가
명조체인가
울컥 눈시울이 뜨거워
잘 보이지 않았다

그 작업장에선
하늘도 읽어낼 수 없는
지구위에 단 한 소절밖에 없는
돌 깨는 쇠망치가 곡비처럼 울고 있었다.

---

* 루빠: 가난한 네팔 소녀, 그는 네 살 때부터 먹고 살기 위해 강변에서 거친 돌을 깨 팔았다.

빈 집

빈 집에
빈 방이 없다

낡은 초상화가 오래 묵고 간
희누르스름한 벽지 자국위에 박힌

시뻘겋게 녹슨
못대가리 하나가
달을 보고 컹컹 짖어대고 있다.

입동 일기

우리 집 팽나무 위에 까치집이 있다
빈집이다
모일모시에 떠나겠다는 통보도 없이 사라졌다
우범지대가 아니라서
다행히 철거대상은 아닌 모양이다
손만 대면 쓸 만한데
찬바람만 들랑거리며 산다
주위환경도 아름답고 시끄럽지도 않고
문만 나서면 먹이 밭인 황방산이다
임자가 나타나기만 하면
그냥 두 말도 꺼내지 않고
녹슨 돌쩌귀도 닦아주고
문풍지도 곱게 발라줄 텐데

더 추워지기 전에
오다가다 한 번 둘러나 보고
갔으면.

수수깡 안경

세상만사가
하루 아침에 달라져도
이처럼 고쳐 보일 수가 있을까

꼭 거짓말 같구나

진즉에 그 진가를
알아차릴 일인데

헛것만 보다가
헛짓만 하다가

오늘은 내 눈에 안경 하나
새로 장만해 놓고 보니

뿔테고
금테고
뭐 하나 부러울 게 없구나.

고산면을 지나며

반 붉은 대추가
선기현*의 추상화처럼 하늘가에 걸려있는
깊디 깊은 고산면

좁으장한 마당귀에 앉아
참깻대를 토닥거리며 뒤집는
낯선 주인장을 만나
진정 헛인사가 아니라
깻말 깨나 떨어지겠느냐고 물었다

그때 그의 구부정한 어깨너머로
도르르 말리는 가을 햇살의 진동과
한소절도 못 넘기고 끊어져쌓는 여치소리가
아득히 저물어가고 있었다

나는 그 적적한 산마을을 빠져나오면서
자꾸만 미루적거리는 내 그림자가
무슨 정 나눌 이야기라도 있다는 듯
몇 날만 더 살붙이고 온다기에
그리라고 그냥 내버려두고 왔다.

---

* 선기현: 서양화가

돌꽃

그 나라에도 계절풍이 불어
눈비가 내렸을 것이고

그런 날이면 돌은
하늘이 숨겨둔 숨구멍을 트고
먹 묻은 묵객 하나를 불러
길을 막고 저녁상을 차렸을 것이고

심장 끝에 박혀 잠들어 있는
묵은 물 한 방울을 찍어내어
숯먹을 갈아 바쳤을 것이고

이윽고 돌은 죽지 않으려고
수수 만 년도 더 몸을 비틀어
열병을 앓았을 것이다.

간치러 간다

강물은 흘러
검은 산그늘을 휘돌아
개망초꽃 시들어가는 들길을 지나
바다 속 깊이 간 치러 간다

세상에
저리 싱겁고 던적스러운
것들

몽땅
싸들고
간 치러 간다

얼없이 흰소리치는 것들
목울대 휘어잡고
싹, 간 치러 간다.

묵묵

외산면
무량사 앞

묵집

묵묵히 둘러앉아
묵을 먹고 나오다가

하산하는
길손 하나 만나

묵대사* 주련 읽어보고
오느냐고 물었네

얼른 진震자가
진짜 생각나지 않아서.

---

* 震默大師 柱聯

켓 띠*

그는 죽었다
곁에는 목숨 붙들어 줄
실오라기 하나 없었다

살 수 있다면, 단 1분만 깨끗한 양심으로
살고 싶었지만
세상의 검은 손은 그를 허락하지 않았다

"그들은 머리를 겨누지만
혁명은 심장에 있다는 걸 모른다"고 외치던 그는
끓는 심장을 송두리째 빼앗긴 채
슬픈 껍데기로 돌아왔다

그날 아내는 땅과 하늘을 휘저으며
미친 듯이 울었을 것이다
평소대로 아이스크림이나
케이크를 팔며 밑바닥으로 살았더라면
혁명보다 더 큰 눈을 떴을지도 모른다는
생각을 하면서.

* 켓 띠: 미얀마 저항 시인은 죽어서 누군가에 의해 장기까지 털렸다.

II부

연자방아 돌아가는 기막힌 세월

어느 날 점심

벚꽃도 피고

가끔 들르는 느티나무 집에 가서
백반이나 하자고 했습니다

이왕이면
제육도 한두 근
끊어가자고 했습니다

이왕이면
흑돼지로
목살이 좋겠다고 했습니다

이왕이면
살코기로만 말고
비계도 약간 붙은 쪽으로

이왕이면
톡 쏘는

소주도 한 잔

그랬더니
모처럼 만난 바깥 때가
그럴싸했습니다.

쇠짚신

긴긴 봄날

이른 새벽
저자길
나설 때

신겨준
어여쁜 쇠짚신

돌아올 때
맨발에 붙은

자운영 꽃잎.

연잎

빗방울 하나
고이 받쳐 모시는 일이
남 보기에는
아무 힘도 안드는 것 같아도

실바람만 건듯 불어도
무겁고 두렵다

등뼈가 시린 그날
기상청 밥 오래 자신 주봉구 시인이
그랬다

"내일은
 바람 없고
 맑음."

화사하다와 해사하다 사이

너를 두고
끝내 간택을 못한 채
이천열다섯
년
봄날은 간다.

하모니카

막내 누이가
오빠 심심풀이로
하모니카 하나 사서 보냈네

어릴 적
황방산 여시바우 밑에서
"해는 져서 어두운 데"를 지껄이던
가락 같지 않던 가락을 살려

요즈음 밤낮없이
"찾아오는 사람 없어"를 불다가

울컥!

가만히 생각해보니
정말 내 나이가
"해는 져서 어두운데 찾아오는
사람 없는" 신세가 되었거니

정말 그리 되었거니
해는 져서.

혼술

장례문화원엘 다녀간
먼 시골 친구로부터 전화가 왔다

"참, 허망하구만
소주 한 잔 하고 있어"

"누구하고?"

"혼자"

"무슨 맛으로?"

"맛은 무슨 맛"

"안주는?"

"멸치대가리지"

애기똥풀

지리산 아래
예쁜 고사리 손들은
코쭝배기도 보이지 않고

마을 어귀엔
노랑 애기똥풀만
지천으로 깔려 있다

사립짝마다 고추달린 금줄은 보이지 않아도
그래도 해산했다는 애먼 소리
듣기가 참 좋았겠다.

거리 두기

— 바이러스 파문

저만치 가는 사람도
이만치 오는 사람도
하늘 아래 사는 눈물 같은 사람들이었다

지난 봄 산하가 온통 비릿하게 콜록거릴 때
모악산 자락 흐드러지게 핀 복사꽃밭도
사랑이란 이름이 너무 힘들어 멀리멀리 밀치고

눈들이 제 눈이 아니었다
귀들이 제 귀가 아니었다
입들도 제 입이 아니었다
코들도 제 코가 아니었다
서로 몸 틀고 돌아서면 지척이 천리였다

그래도 꽁꽁 닫힌 말문을 열고 나서면
길과 길 안창은 이슬 따먹기 좋게 환해 보이고
너, 라는 사람들과 나, 라는 사람들이
새삼스레 초면 인사를 나누었다

모두 다
지구가 소실점 밖으로 금줄을 쳐도
어둔 그늘 속 여린 새싹들은 돋아나고
새들은 포르르 포르르 날고
젖먹이 짐승들도 폴딱폴딱
그래도 우리 봄날은 본질을 잃지 않았다.

굴렁쇠에게

― 李木允 시인의 병상에서

멈추지 마라
녹슬어 망가질라

녹두꽃이 떨어지면
청포장수만 울고 가는 게 아니다

녹이 슬면 고철장수도
울고 간다

쇠막대 하나 불티나게 휘어잡고
달려라 달려라

'왼손 줄게 오른손 다오
오른손 줄게 왼손 다오'.

---

* 木允은 자랑스런 의족의 시인이다.

시장에 나가보면 싼시 짠시가 널려있다

오늘 아침

귀리가 섞인 잡곡밥과 대궁이 굵은 아욱국과 깨 기름을 두른 감자전과 곰삭은 밴댕이젓갈로 밥을 먹고 있는데 하늘인 양 바람벽에 높이 떠서 내려다보고 있는 어머니가 이것저것 먹을거리 가탈부리지 말고 무엇이고 잘 먹고 잘 삭이면 살이 되는 것은 어김없이 살로 가는 법이고 뼈가 되는 것은 뼈로 가는 법이라고 타이르신다

나는 잘 먹고 숭늉을 마셨다.

도토리 점심 가지고

소풍을 간다는
그걸 백주에 훔쳐온 날 밤
시퍼런 달빛이 뒤따라와
밤새 닫힌 문밖을 떠나지 않았다

아침에 일어나보니
그물코 같은 달빛 자국이
기름틀처럼 반들거렸다.

고향집

황방산 아래
말고개斗峴 마을에
웬 놈의 원룸이 열두 채나 생겼다

하루아침에
우리 집
납작코 됐다.

Ⅲ부

그래도 뼈대 있다 외칠만했다

촌철寸鐵·1

100세 잡수신
노철학자
어르신이
웃으셨다

세상이
바르다는 것인지
그르다는 것인지.

촌철寸鐵· 2

입에다
꿀 바르지 마라

깊은 산속
석청 훔쳐먹듯

냄새 맡고
곰 내려올라.

촌철寸鐵· 3

왼팔 하나 주면
안 잡아먹지
오른팔 하나 주면
안 잡아먹지

다 떼어주고 났더니
어흥.

겨울이면

어디 외진 산골짜기
하루에도 몇 번씩
퇴창문을 밀치고
함박눈이 바작으로 빠지기를
기다리는 그런 친구
가슴에 불 먹은 그런 친구 하나 없을까

붕어빵 한 봉지 사 들고 가
붕어빵보다 시시하고 눈물 나는
하급 이야기나 지껄이다가
삭정이 태워 끓는 골방
아랫목에 육신을 팽개치고 돌아와도

몇 날이고 찾아가라 다그치지 않을
그런 친구 둘도 말고
하나 없을까.

멸치가 왔어요

하나같이 형체가 반듯한
주검은 없었다

아가미를 떼어내고 내장을 긁어내고
몇 그램의 바닷물이
햇볕에 증발되는 동안
해체된 그들의 어지러운 막장 춤은 지속되었다.

오늘은 하 많은 밥상가운데
부표도 없이 나를 찾아와
어째 내 앞에 발을 뻗고 울음 그쳤을까

떼 지어 분노를 끌며
우르르 진군할 줄은 몰라도
혀끝을 파고드는 작은 가시 하나가
그래도 "뼈대 있다" 외칠만했다.

기린로에서

어느 날 자가용을 몰고 온 젊은 부부와 어린 소녀가 전주 기린로에 있는 애견센터에서 목화송이처럼 새하얀 강아지 한 마리를 보듬고 나왔다

주인아줌마가 따라 나오면서 햇살 묻은 손으로 강아지의 이마를 다시 한번 더 깊이 짚어주었다

놓치면 깨어지는 유리그릇인 양 소녀는 고개 숙여 까딱 인사를 하고 감춰가듯 목화송이를 안고 사라졌다

주인아줌마는 그 목화송이가 타고 가는 꽃가마가 눈이 하도 부셔 잘 가라는 눈물의 이별사를 그만 놓치고 말았다.

죽비가 걸려 있는 풍경

금산사 아래
묵은 민속품상점 앞으로
생피를 흘리며 걸어 나온 죽비竹篦가
젖은 뼈를 바싹 태우고 있다

보아하니 절밥이 그립다는 말도
한마디 목 꺼지게 꺼내지 못하고
하루아침에 매물賣物이 된 명줄을 탓하며
허심한 척 그러나 울상을 짓고 있다

제가 무엇으로 태어난 형상인지
비바람 눈서리 박힌 아픈 공이를 다시 집합시켜
세상 떠나온 대밭 그늘로
되돌아가고 싶은 꿈이라도 꾸고 있는 건지

그럴지도 모른다는 생각을 하면서
나는 그 언짢은 풍경과 오래
몇 년도 아닌 더 오래
골방에 들여 친하게 지내고 있는 중이다.

꽃구경

앞산에도
뒷산에도 천지가 꽃이 피어
야단들인데

백리
섬진강까지
눈 팔러 갔다

가는 사이
벌써 이 봄도
오는 듯 십 리
가는 듯 십 리.

산사山寺에서

새가 깃털을 흘리며 날아갑니다
구름도 이마를 찌푸리며 흘러갑니다
검은 하늘 아래
운판雲版이 웁니다
세상이 철들려면
아직도 멀었나봅니다.

보릿고개

황방산 오솔길에
듬성듬성
진달래
꺾어 피고

책보 끌며 돌아오는
20리
허기진 산그늘엔

어찌 그리 구슬프게
쑥꾹새는
울어쌓던지.

집, 느티나무 산조

정작 느티나무는
우듬지도 보이지 않고

큰 오동나무 한 그루가
담자색 꽃 그림자를 몰고 내려와
느티 간판을 어루만지며 놀고 있다

그런 달밤이면
멀리서 소쩍새가 울고

울컥 술밥 친구가 그리워지면
바닷바람에 파도를 꿰어 차고
소설가 라대곤이 찾아오는 집

그 〈집, 느티나무〉에 기대앉아
한나절을 깔고 뭉개어도 요통이 나지 않아
누구나 차분히 굴뚝새가 되어가는 집

흙손이나 붓손이나

어지러운 세상을 앞에 두고
해법 한 마디씩을 툭 던져놓고 가는 집

“삼십 년 밥해줬더니
겨우 밥 한 끼 주고 떠났다”고 눈물짓는
수더분한 보살의 집에
입심 좋은 그 소설가는
이제 영영 나타나지 않는다.

기다

한번 긴 것은 긴 것이지
안 기다고 우긴다고
긴 것이 안 긴 것이 되고
안 긴 것이 긴 것이 되나요

배때기 뒤집는다고
배꼽 없어지나요.

동백꽃 지다

하직 인사는 오래 걸리지 않았다

독한 겨울 가고
햇살이 도톰하게 살이 오른 날
아침 밥상은 어젯밤 내린 이슬로
말갛게 닦아 놓았다

마지막 살갗 하나
티 하나 없이 살아간다는 것
더 이상 어지러운 공중잡이는 싫었다

조건 붙이지 말자
고개를 떨구자
땅 그늘이 서둘러 가슴을 비워주었다

그 너비가 무량이었다.

Ⅳ부

어디 가서 고깔도 없이 머리 두르고 사는지

공허

도시가 자꾸 짜부라져 간다고
아무짝에도 쓸모가 없어져 간다고
그 많던 사람들은 다 어디로 사라져 갔느냐고
어디로 가서 고깔도 없이 머리 두르고
국밥이라도 한술 떠먹고 사느냐고
밤이면 시원찮은 등불 하나 걸어두고
소식 없이 잠적한 사촌 이야기로
우울한 판에
먼데서는 수캐가 수상쩍게 짖어대고
별똥이 하나 둘 찍하고 떨어지고
잠은 좀처럼 오지 않고.

들녘에 나가 보아라

저 너른 들녘에 나가 보아라
바람은 어디서 불어오는지
새들은 어디로 날아가는지
이삭은 털려서 누구네 집으로 들어가는지
노을은 사라져 어느 하늘을 또 꼬드기는지
아무렇지도 않게 맑은 날의 시집 더불고
저 너른 들녘으로 나가 보아라.

산벚꽃

이 산
저 산
가릴 곳 없이 시원스레 누고 날아간
수줍은 별똥 밭
별똥

산새가
모를 리 없지
저 위대한 작법을.

한물

강물은
장대비를 포갬포갬 포개 업고
어디론가 끝장을 보려는 듯
칼눈을 흘기며 굽이쳐 간다

이마빼기엔
상처투성이가 시퍼렇다.

인사법

– 코로나19

그래도 주먹질 인사가
발길질보다 훨씬 낫다

머리끄덩이를 잡아당겨야
했더라면
어쩔 뻔 했는가

정다운 이웃 골목길 사람들
하늘만큼 눈물 날 뻔 했다

아찔한 일이다.

손이 시린 날

청운사에 재가 든 날
도원스님은 김제 장보러 가시고
나는 돌아 나오는 길에
라대곤 오하근 문학비 앞에
서서
봄이 왔노라고 일렀다

냉이 달래랑 무치고
깡소주
한 병이라도 들고 갈 일을
빈손이 더없이 시린
꽃 벙그는 봄날이었다.

왕궁리王宮里 바람

지평이 신열을
앓고 있을 때
노을은 강물 속으로
시뻘겋게 잦아지고 있었다

기나긴 세월과 함께
암거래의 손을 내민
왕궁리 피 먹진 수숫대 바람은
이목구비가 문드러진
형상으로
그렇게 길어나고 있었다

어디선가
신음소리가 서녘 멀리
만가처럼 날리고
바람은 참담하기 이를 데 없는 산발로
백제 땅 구석구석을 뒤적거리며
무녀 춤을 추고 있었다

묵묵한 5층석탑을 감돌아
천년을 눈 비 섞어 누비고 누빈

높새바람이여
마파람이여
하늬바람이여
마칼바람이여

그 바람 끝에 붙어 눅눅하게 살아 내린
백제 사농공상들의 눈물 묻은
왕궁리 달이
달이 떴다
왕궁리 달이 떴다.

멸치·2

눈금자리 같은
멸치 몇 마리가
밥상 위에 진을 치고 있다

집단이다
뚱한 눈으로 노려본다

그래서
나를 어쩔 셈이냐고.

지장암

내소사 절문에서
오른쪽 길을 타야한다
샛길이 아니라
옛적부터 달빛이 닦아놓은 숲길이다
솔바람으로 공양을 지어
하루가 공복이어도
배가 고프지 않는 도량
들를 때는 몰라도
돌아 나설 때
산모롱이까지 손을 흔드는
일지스님이
하늘 멀리 풍경소리를
말갛게 가꾸시는 절집이다.

보리라

내일 모레가 석가 오신 날이라
절 마당이 환하다

저도 눈이 번하다는 것인지
어디선가 부얼부얼한 삽사리 한 마리가
막 타온 솜뭉치처럼 굴러와
발밑에 몸을 부린다

하도 순해빠져서
이름이 뭐냐고 물었더니
스님은 보리 보리라며
아니, 아니 그 보리가 아니라

그쯤하면 알아들을 만도 한데
그래도 못 믿겠는지

뜨물도 오르지 않은
생보리 모가지를 뽑아 묶은
시퍼런 꽃꽃이 수반을 코앞에 디민다

나는
보리와 보리의 형상을 번갈아 떠올리며
깊은 산문을 보리처럼 빠져나왔다.

만성리 회고·1

봉곤이 성 집은 부자다
이곤이 성 집도 부자다
대곤네 집도 부자다
용무아저씨네 집도 부자다

우리 집은
아버지와 나
부자지간이다.

만성리 회고·2

사촌 집 뒤뜰에 떨어지는
달디 단 감꽃은
강아지 밥그릇에도 소복했다

늘 닫혀 있는
사립짝을 살그머니 밀치면
어디선가 도둑고양이 한 마리가
저도 놀랐다는 듯……

그 순간
감꽃 떨어지는 소리가
빗낱처럼 쏟아져 내렸다.

만성리 회고·3

어디서 몰려오는 삼촌들인지
떼거지 떼거지
그런 상거지떼들은 없었다

입들은 펄펄 살아서
동구 밖 정자나무를 빙빙 돌며
아리랑을 만세소리에 버무려 목이 터져라 불렀다

몇 날을 기다려도
만주로 떠났다는 우리 삼촌은
돌아오지 않았다.

V부

대패 속에 숨어있는 서릿발 같은 쇳날을 보며

소목장小木匠

그 사람*이 지나가면서
손가락만 비비적거려도
나무들은 뿌리 깊이 관능을 숨긴다
나는 그 이유를 그의 공방에 들러
말매미만한 대팻집 속에 갇혀
은밀히 실눈을 뜨고 있는
서릿발 같은 쇳날을 보면서
그러고도 남을만하다는 사실을 눈치챘다

목질이 질기기로 이름 난
박달나무나
벼락 맞은 대추나무나
가죽나무의
그가 죽어서 돌아올
옆구리 어디쯤에 붙어 있다가
대팻날이 은근슬쩍 스치기만 하면
자지러지게 깨어났다가 다시 숨질 것만 같은
음침한 간지럼을 생각하면서.

---

* 그 사람: 소목장 소병진(대한민국 무형문화재 제55호)

밥물

손대중 물리치고
물 마구 퍼부은
무쇠 솥단지

된밥 되지 말고
진밥 되거라

어머니 생솔가지 태울 때
넘치는 밥물 보고서야
그 눈물 알았다.

이소離巢

안봉주*는
날짐승을 손으로 잡는
법이 없다

눈으로 별도 잡는다

소쩍새 새끼들의 부리가
제법 영글어
그날 숲속에선 비상이 걸렸다.

---

* 안봉주: 사진작가

피다지다꽃

이 세상 그런 이름 꽃은 없다
있을 법도 하지만
천지가 피었다가 지는 꽃
아픈 이름
나만이 아는 꽃
내가 지은 이름 꽃
'피다지다꽃'

어제도 피고 오늘도 피는
내일은 필지도 모르는 꽃
사람살이 꼭 닮은 꽃
나만이 부르는 꽃
내가 사랑하는 이름 꽃
'피다지다꽃'

유물

전북문학관 관장실 벽에는 약발이 다 떨어져 유물이 된 방탄유리창이 하나 붙어살고 있다 그 사실을 알고 있는 사람보다 모르는 사람이 더 많은 까닭은 한 번도 그 무시무시한 과녁 속으로 불새 한 마리가 뛰어든 사건이 없었기 때문이다

나는 지난 여름 땡볕이 쏟아지는 어느 한 나절 벽과 벽 사이에서 좀은 으스스한 한기를 내뱉고 있는 어쩌면 태생이 부끄러운 그를 응시하면서 어디 멀리 육신을 녹일 탈출구라도 찾고 있는지 묻고 싶었으나 거기까지의 망상은 접기로 했다.

문학관에 드신 가람 석정 해강 구름재는 그냥들 심사가 평안하신지 아무 말씀이 없으시지만 겨울이면 깊은 담소 나눌 큼지막한 질불화로 하나쯤 들여놓아야할 텐데 누구 그런 철든 생각일랑 하는 영특한 큰 손 있을지 궁금하다.

기다림

겨울
하늘 밭
천마지기를 얻어
그대가 받아 준
눈꽃씨앗을 뿌리고 나서

이제나
저제나…….

어떤 포스터*

'소금장수' 아줌마가
우리 집 바람벽의 공터에 주저앉아
됫박소금을 팔고 있습니다

퇴색한 벽지위로
그림자 없는 시간이
무한정 흘러가고 있는 아슬한 비탈

'소금장수 아줌마는
바닷가 짠바람으로 무장한
메꽃처럼
오늘도 소금 먹고 물마시고
잘 헐리지도 않는 소금 됫박에 매달려있습니다

언제 한 번 빈 그릇 챙겨들고 일어서는
'소금장수' 아줌마의 긴 한숨 소리
들어본 적 없어 늘 속이 짠하기만 합니다.

* 박수근 화가의 '소금장수' 포스터에서

물주기

아주 쉬운 일 같지만
그 일처럼 조심스러운 일은
없다

뙤약볕 여름 날
황소 물 사려 주듯

봄날 하루
이슬비 새싹머리 어루만지듯.

사회부·7

— 어느 날의 조간신문

밤새 달려와
새벽녘에 내렸다
전신이 땀에 젖어 눅눅했다
눈꺼풀을 비비던 초록별 몇 개가
기우뚱거리며 따라붙었다
나는 탁자 위 커피 잔을 비우고
차례대로 시력검사도 받고
청력검사도 받았다
이상이 없다가 아니라
이상이 있다였다
허상들이 혀를 빼문 채 거꾸로 보였다
나는 활자가 뒤죽박죽된 종이 뭉치를
휴지통에 던졌다

파리 떼가 달라붙어 이전투구를 했다.

겨울 숲

굴뚝새들이
산 아래 마을로 내려간 뒤
잔챙이가지에 매달린 빈집들이
눈발을 고봉으로 이고 있다

미처 따라나서지 못한 집에선
어설픈 저녁밥을 짓고
어린것들과 둘러앉아
눈밥을 콩밥보다 달게 먹었다

가끔씩 바깥을 내다보는 문틈사이로
눈발은 들이쳤다 그치고

무엇이 궁금해서인지
들찔레 붉은 열매 같은 불빛이
기어나오다 숨어버리는
딱 엎딘 굴뚝새집.

민들레

가는 길이 어디인진 몰라도
멀리 구름 밖까지
손을 흔들어 주었다

허공에 찔려
춤을 추듯 균형 잃고

물 마른 바위틈새를 스쳐
바람 찬 청솔밑동을 지나

잘도 가는구나, 가서 비록
빛과 어둠으로 하늘을 갈라놓고
한 생을 곤고하게 뉘일지라도
눈 치뜨고 아스라이 잘도 가는구나

바람 앞에 갓풀처럼 딱 붙어서
바람 앞에 죽음처럼 딱 붙어서.

목윤木允이 시인 집에는 천사 같은 딸따니 하나 살고 있다

꽃은 웃고 있는데
뿌랑구는 울고 있다

뿌랑구는 웃고 있는데
꽃은 울고 있다

웃고 울고
울고 웃고

연자방아 돌아가는
기막힌 세월

목윤이 시인 집에는
세상 몰라 행복한
천사 같은 딸따니 하나 살고 있다.

조도중* 曺道仲

그 이름을 부르려면 먼저 찬물 한 그릇을 마시고 나야 한다

메이는 목을 축이고 나면 목구멍 끄트머리 어디쯤에서 구슬이 되어 튀어나오는 이름 석 자와 고뇌에 찬 그의 얼굴이 떠오르기 때문이다

그는 지금 도시와 가족을 떠나 시인 친구인 진동규가 몇 세월 비워둔 시골 외딴집에서 갑골문자 같은 삶의 이랑을 파고 있다

문설주에 달라붙어 하루 내내 울어대는 뻐꾸기도 천연스럽게 그 노역을 거들고 있다

손에 쥔 것 없이는 살아도 인간에 대한 그리움 없이는 못사는 천성이 순하고 여린 풀잎 같은 사람이다

어쩌다가 청산 밑에 자리를 깔고 앉았느냐고 묻지 않아도 된다

그는 거기서 쌀 한 말이면 한 달을 배 두드리며 산다

산이 그립고 물이 그립고 나무가 그립고 흙이 그리운 그 사람에겐 거기가 꼭 안성맞춤인 세상이다

거기서 그는 가녀린 붓끝을 세워 오색빛깔의 돌비늘로 곤鯤의 날개를 짓고 있는 중이다.

---

* 조도중: 흙의 화가

VI부

열두 마당 큰 대문이 떠들썩하게

전주여, 영원하라
구원의 빛
저문 날의 은빛 풀피리
정 깊은 무주사람들
실뿌리, 그 깊은 땅에
여기는 청운사 백련이 피었습니다
푸르른 날의 곡哭
무초無初 진기풍 회장님 가시는 길에
선하신 을주乙洲님
소라여, 소라여!
곱고 굳세고 정의로운 당신

전주여, 영원하라

– 2000년 신년음악회
지휘 심인택 작사 김남곤 작곡 김삼곤

섬진강가에 앉아

그대 머리채에 들꽃 한 송이 꽂아 주던 날
강물은 멀리멀리 눈웃음치며 흐르고
산비둘기도 수줍어 수줍어 얼굴을 가렸는데
그 소문 어느 사이 바람 타고 꽃잎처럼 날려
노을도 발갛게 발갛게 비껴갑니다

들녘에 나가 보아라

저 너른 들녘에 나가 보아라
바람은 어디서 불어오는지
새들은 어디로 날아가는지
이삭은 털려서 누구네 집으로 들어가는지
노을은 사라져 어느 하늘을 또 꼬드기는지
아무렇지도 않게 맑은 날의 시집 더불고
저 너른 들녘으로 나가 보아라

열두 마당의 집

내로라하는 재주꾼들 구름처럼 모여
열두 마당 열두 대문이 어디이런가
사방팔방이 무지개 꽃밭이라네
열두 줄 가야금에
열두 치맛자락이 펄럭이는 곳
치고 치고 치고 북장구 둥둥
쓰고 쓰고 쓰고 문장도 좋네
불러라 불러라 청산유수같이
그려라 그려라 오방색 풀어
추어라 추어라 하늘 높이 더덩실
온갖 기예 닦은 재주꾼들
징치고 나팔 불며 얼싸안고
열두 마당 큰 대문이 떠들썩하게
재주 재주 재주 꾀꼬리 재주 펴내네

전주 사람들

창호지 한 장 풀어 문 바르고 나면
햇볕도 따스하게 일렁이고
달빛도 포름하게 어른거린다
전주 사람 전주에서
피리불고 장구 치면
이역사람 이역에서
귀를 세워 어깨춤 춘다
풍남문 돌아서 경기전 가면
한벽당 건너서 남고사 가고
덕진못 뛰어서 건지산 돌아
오늘도 내일도 웃음 속에
일월 더불어 살고지고.

구원의 빛

—한·몽 문학지 창간에 부쳐

1991년 7월도 다 끝나갈 무렵
몽골 울란바토르 하늘은
가을 냄새가 한 치 두 치 익어가고 있었다

가슴 설레던 공항에서 그날
나 어릴 적 시집간 고모 같기도 하고
산 너머 고개 너머 크게 누릴 건 없어도
소리 없이 살아가는 사촌누님 같기도 한
곱살스런 한 여인을 만났다

기억 저쪽으로 사라져 아득한
그래도 언뜻언뜻 생각나는
투그스 용님이 고모던가
자야 양선이 누님이던가
하마터면 소리 내어 부를 뻔하다가
멈춰버린 애틋한 그리움

그 그리움 속에서
인류가 서로 닮은꼴이라는 반가운 형상을 읽었고

인류가 서로 눈물 훔칠 줄 안다는 뜨거운 정을 느꼈고
인류가 서로 손 잡고 호흡도 나눌 수 있다는
믿음 또한 보았더니라

22년 전 눈 익힌 자르가당이던가
내가 바양골 호텔을 떠나올 때
울란바토르 역까지 달려와서
손을 흔들어주던 그 소년도
지금쯤은 몽골을 사랑하고 지키는 큰 기둥으로
성장했겠지

오늘은 한 · 몽 문인들이
어깨 짜고 두리넓적 둘러앉아
아름다운 지구의 이름 앞에 손가락 걸며
인간의 자유와 평화를 얘기하고
가난과 질병에 허덕이는 불쌍한 나라 사람들과
전쟁에 시달리는 공포의 나라 사람들을
걱정하고 가슴 아파하면서
우리들은 무엇을 위해 어떻게

영혼을 불태워야 할 것인지

문학이 그 구원의 빛이 되어야한다고
부르짖는 그대들의 결의를 지켜보면서
나 또한 우레 같은 손뼉을 친다

풍남문 종소리가 울려 퍼지는
대한민국의 전주와
밤하늘의 별이 밤톨처럼 쏟아지는
몽골 울란바토르와의 사이
몇 천리인가
몇 만리인가
손등을 포갬포갬 얹어 문학의 씨앗 뿌리는
약속의 탑 하나 웅장하게 쌓는구나

비바람 눈서리에도 굽힘없이 나부낄
한 · 몽의 깃발 저, 하늘 높이 펄럭이며.

저문 날의 은빛 풀피리

— 青林 고재흠 수필집 〈대자연의 합주〉를 들으며

오래된 풀피리 하나
잘 닦아 메고

저문 강언덕에 서서
아득히 멀고 깊은
천 길 산울림소리 자아내네

아픔인가
그리움인가

한 세상
이리저리 매듭진 가락
몸 풀어 다듬는 소리가
저리도 곡진할 수 있을까

천지 사방이 에워싸고
귀를 세우네

때로는

비바람 맞아
휘어지고 넘어지고

눈서리 맞아
꺾어지고 잦아지고
그래도
매양 솟구치는 칼잎 되어
심장 가득 담아내는 영혼의 소리

풀잎피리 소리

기나긴 날
천고가 스미고 스며서인지
되레 질기고 윤기 넘쳐 번지네.

정 깊은 무주사람들

– 문학평론가 김환태 문학제에 부쳐

무주 사람들은
산도라지 꽃빛보다 맑고 고와서
나는 종종 안성 가칫재 넘어 명천 지나
그 순한 사람들을 만나러 간다

오늘은 이 세상 늦게 나와 살면서
한 번도 본적 없는
본적이 없어서 더욱 그리운
訥人이라는 사람을 만나러 간다

아아, 저기 보아라
영혼이 새가 되어 날아서
생각보다 먼저 가슴에 들어와 앉아 있는
사람, 그 사람 訥人이여

무주 사람들은
그 산마을 하늘 높이 별처럼 달아놓고
땅에선 그 사람 문향을 되새기며
맛있는 글 잔치를 하는구나

나는 보았다
구름 흐르듯 잊혀질까
어둠 발에 묻혀 스러질까 두려워
해마다 손을 굳게 잡고 訥人 訥人 訥人
이웃처럼 불러보는 무주 사람들

산도라지꽃빛처럼 아름다운
정 많은 사람들
잊지 못할 사람 하나 끝내 잊지 못해 보듬고
정 깊이 살아가는 별스런 나라 사람들
무주 사람들.

실뿌리, 그 깊은 땅에

– 〈완산벌에 핀꽃〉 창간에 부쳐

오늘과 같은
어느 날이었을 것이다

바늘만한 솔기둥이
여린 눈과 귀를 열고
위아래 앞뒤
뻠도 안 되는 탯자리를
유심히 보살피던

그날도

날씨는
맑았을까, 유리알처럼
흐렸을까, 먹장삼처럼

아슬하고
두려워라

실뿌리, 그 깊은 땅에

비바람 울고
눈서리 몰아치고

그때마다
찢어지랴
꺾어지랴
백번도 천 번도 숨이 차던
기나긴 인고의 세월

하늘 높이 우러러
고절의 기상
꿈꾸었으리

먼 훗날
자리 가려 큰절 받을
완산골의 왕솔나무여!

그대들, 곧고 굳게 어깨 짜고
기름진 너른 벌에
백학 나래치는
푸르디 푸른
낙락장송 되소서.

여기는 청운사 백련이 피었습니다

– 코로나19로 가신 영가들에게

어서 오소서
어서 오소서
가엾으신 영가여!
가엾으신 영가여!

하늘과 땅은
천억 년을 두고 그러하듯
오늘도 한빛으로 여여합니다

안좌 하소서
멀고 먼 이역 만 리 길
서로서로 손을 포개 잡고 오셔서 안좌 하소서

여기는 대자대비하신 석가모니불이
밤낮없이 일월을 밝히시는
지구 끝자락
대한민국 전라북도 김제시 청하면
청하산 대청리
청운사 청정 도량이나이다

그 어느 천후가 어지럽던 날
난데없이 검은 바람이 휘몰아쳐
꽃도 이울고 별도 스러지고
이승이 좋아라고
오대양 육대주에서 노래 부르고 춤추던
그대들도 슬프게 떠나가고

살아남아 팔을 걷고 허둥대던 사람들도
잠시 숨을 멈추고
소리 죽여 울고 있나이다

다정도 몸을 틀고 돌아서면
지척이 천 리련가
꽁꽁 닫힌 말문 앞엔 돌벽만 쌓이고
사랑이란 이름도 너무 힘들어
벽과 벽 사이엔 길 하나 보이지 않나이다

아, 구천을 헤매도는
가엾으신 영가여!

가엾으신 영가여!

오늘은 그대들 극락왕생의 길에
청운사 도원 스님이
꽃불을 들고 나섰나이다

그리운 부모형제 아들딸들 모습도 보이고
땀 흘리며 억세게 일하던
친구들도 예대로 보이시겠지요

대한민국 청운사 목탁소리가
하늘 끝까지 울려 퍼집니다
들리시나이까
우주만상도 귀를 기울여 그대들 명복을 빕니다
이 땅의 병들고 아픈 검은 역사가 하루 속히 멈추기를
슬픈 영가여, 함께 합장하소서.

푸르른 날의 곡哭

– 송기태 님 가시다

솔 꽃가루가 노랗게 흩날리는
푸르른 날의 5월
당신은 홀연히 먼 길을 떠나셨습니다

가시는 길이 몇 억만 리인가
흐드러지게 핀 꽃들이
꽃불을 밝히고 따라 나섰습니다

오늘도 천리天理는 예대로
당신이 사랑하는 전주의 하늘에는
변함없이 해가 떠서 등허리를 덥히고
깊은 밤 달이 떠서 오동꽃에 걸렸습니다

하늘 땅 사이 무엇 하나 달라진 게 없는데
오늘따라 당신의 빈 마당이
너무나도 둥글고 둥글어 끝이 보이지 않습니다

때때로 나라 걱정하며 가슴을 치고
기름진 우리 땅 업신여긴다며 주먹을 쥐고

가난한 이웃 서러워 따뜻하게 손내밀어주고

그 의기 그 사랑 그 자비
이제는 어느 세월이 또 있어
당신의 미루나무처럼 커다란 그림자를 만나리이까

그래도 언젠가는 봇물 터지듯
이 터에도 이 터전에도
구름 걷히고 햇볕 쏟아질 날이
오리라는 확신을 안고

1등 도민운동을 벌였던 당신은
강한 전북 깃발 하나 높이 꽂을 시공이 없어
얼마나 가슴 아파 쥐어짰습니까

콩나물국밥집을 지나 비빔밥집을 지나
백제로를 달려도 기린로를 달려도
그리고 팔달로를 달려가 보아도 이제는
당신이 계시는 따뜻한 번지는 찾을 수가 없습니다

우리는 당신이 두고 가신 발자국마다 새겨진
눈부신 열정과 한을 거울처럼 들여다보면서
그립다 보고 싶다 상기할 것입니다

별 하나 크게 뜨는 두견새 우는 봄이면
당신의 나라인줄 알겠습니다.

고이 가소서.

무초無初 진기풍 회장님 가시는 길에

무초無初 진陳기풍 회장님!

한 평생 언론인임을 자처하시면서 뉴스란 시간이 흐르면 흐를수록

썩어 문드러지는 속성을 지녔다고 우리들 뇌리 깊이 칼침을 박아주시던 말씀이 오늘 따라 더욱 전율케 합니다.

서울에서 전화하실 때마다 전주 사람들 안녕히 잘 있느냐고 걱정스레 물으시더니 따뜻한 날 한번 내려오시지 못하고 어찌하여 은행잎이 다 떨어져가는 삭막한 추운 날을 잡아 고향땅에 눈을 감고 오셨나이까.

무초 회장님은 못사는 우리 전북뿐만 아니라 갈등불화로 찌들어버린 나라 걱정을 참 많이도 하셨습니다. 언제 우리 국민들이 '정직'이란 말을 졸업했기에 학교마다 급훈교훈에 보석처럼 박혀있던 그 단어가 사라졌느냐고 폭탄을 던지셨어도 눈 하나 까딱 않는 나라를 보고 진정 가슴 쥐어짜며 아파하셨습니다. 거짓투성이의 나라꼴 이래서야 쓰겠느냐고.

언젠가 전북의 소외에 대해 나라님에게 보낸 탄원서는 또 어떠했습니까. “정부는 경제부흥의 도약대를 마련코자 피나는 노력을 해오고 있음은 국민 누구나 부인할 수 없는 사실입니다. 또한 국내의 곳곳에서 전례 없이 함마 소리가 드높아가고 있습니다. 그러나 곡창이라고 일컫는 이 고장이 비료공장 하나 서지 못하고 농기구 공장 하나 마련할 일이 없다는 사실들은 항용 말하는 입지적 여건의 말만은 아닐 것입니다. 우리는 결코 타지방에 세워지는 맘모스를 시새워서가 아니요, 낙후되어 가는 내 고장이 안타까워서만도 아닙니다. 이 고장 사람이 아니면 느낄 수 없는 단장의 슬픔이었습니다.”라는 그 글발은 무초님의 토혈을 내뿜는 절규 아니고 무엇이었습니까.

그 울분의 끝머리쯤 “서울의 거리에 들끓고 있는 많은 소년소녀 가운데 구두닦이로 혹은 심부름꾼으로 인간 이하의 대우를 받고 사는 이들의 거의가 전라도 출신이라면” 나라님은 놀라지 않겠느냐고도 하신 회장님의 분통 터진 그날의 눈물은 긴 강물이 되어 지금도 어디론가 한의 노래를

부르며 흘러가고 있을 것입니다.

인자하신 무초 회장님은 어쩌면 한생을 걱정 걱정

걱정 속에 묶여 살다 가셨다 해도 과언이 아닙니다. 처음부터 시작이 없는 것이 어찌 끝이 있겠습니까만 그래도 이 시공에 무엇인가가 존재했기 때문에 소멸이라는 것 또한 있음의 가치로 존재한 그 아호 '무초'님.

당초 물욕이 없는 것, 순수무구하게 살다 갈 사람, 그래서 윤재술 선생이 지어주셨다는 아호 무초님! 아호 따라 그러셨는지 부인 박수영 여사님이 평소 그렇게도 애지중지 하시던 서화도자기를 고창 고향땅에 마련한 '무초회향미술관'이라는 이름 아래 몽땅 기증해놓고도 무엇이 부족해선지 빈자리를 가끔 눈여기시며 아쉬움을 토로하시던 무초님.

남아 있는 우리들, 회장님의 사심과 탐욕 없는 그리고 애향과 우국 정신 이어받아 눈 번쩍 뜨고 내일을 밝게 투시하며 살겠습니다. 지지부진한 새만금은 어떻게 되어 가는지, 하늘 길 막힌 공항은 어떻게 되어 가는지, 숨 떨어진 군산 조선소는 어떻게 되어 가는지, 평창의 눈씨름 판은 어떻게 되어 가는지, 시끌시끌한 나라 형편은 또 어떻게 되어 가는지, 잘나고 잘난 사람들이 하도 많아 잘 되어갈 것이니 그리 믿고 그냥 편히 가소서. 모든 걱정 다 접으시고 부디 천국 별나라의 별천지 같은 세상에서 고이고이 극락왕

생 누리소서.

가시는 길에 우리들 그 동안 사랑받던 은혜, 그 보상의 꽃불 하나씩을 밝혀드리겠습니다. 회장님의 자애로운 큰 손길이 아니었더라면 단칼에 목숨을 날릴 뻔했다는 선운사 도솔암 길섶의 아름다운 장사송도

솔잎바람 눈물바람 날리면서 가시는 길의 평안을 기원하겠지요.

앞서가신 사모님도 고운 옷 차려입고 산문 앞에 나오셔서 따뜻한 화톳불로 맞으시겠지요. 수고하신 임이여, 어서 오시라고!

무초 회장님, 명복을 빕니다.

선하신 을주乙洲님

어쩌다 고향땅
전주全州에 내려오시는 날이면
자리는 아랫목
따뜻한 구들장
마주앉은 몇몇 구면들은
늙은 호박넌출처럼
손발에 잘도 감기지만

가람도 석정도 해강도
다 가시고 없는 쓸쓸한 술청엔
실없는 육자배기 가락만 산란하다

이 세상
갑甲질이 싫어서
을乙이 되셨다는지

그른 것은 죽어도 그르고
바른 것은 더 죽어도 바르다고
늘 그리 청청하게 사셨는데

선비고을 그 큰 문사님은
이제 오신다는 기별이 영영 없으시다.

소라여, 소라여!

— 〈흐느끼는 목마〉 타고 이 추운 날 어디로 가시나이까

한 잎 낙엽이 지듯
12월을 밀고 떠나가는
이 땅의 시인 소라여!

꽃도 보고 임도 보고 더 살다가 간다면
누가 뭐라 하십니까
그런데도 꼭 가야하는 그 길이
뭐하는 길이기에
도대체 다 뿌리치고 표표히 가시나이까

우리가 더 푸르게 살던 어느 날
당신은 〈이 풍진 세상〉이라는
시집 한 권을 짊어지고 나타나셨습니다

"지난 폭설에도, 산불에도
온전히 죽지 못하고 썩지 못한 것들
마침표 없이 출렁이는 저 파도 속에
떠밀려 가는데
비로소 그 큰 눈을 감는데

발을 구르는 자 하나 없더라
증언자는 더더욱 없더라"라는 구절을 서로서로
소주 찍어 읊으면서

우리는 바람에 날리는
티끌 같은 세상을 슬퍼했습니다

소라여!
당신은 이 시대의 굴곡진 아픔에 눈물짓는
참으로 순정한 시인이었습니다
겨울 한 밤중
설한풍에 등껍질 벗겨지는 통한도
눈물 한 방울로 웃으며 돌아서는
참으로 다수운 시인이었습니다

"우리가 굳이 떠밀리지 않아도
겨울이 떠나고
우리가 굳이 손짓하지 않아도
봄은 저렇게 절룩거리며 오는데

개나리 진달래 흐드러지게 피는데
그러나 그 어느 곳에도
팔짱 낀 구경꾼은 없더라"고
당신은 〈이 풍진 세상〉을 뚫어지게 바라보며
또 그렇게 한숨지었습니다

대학 강단에서 이 나라 동량들을
무쇠처럼 키웠고
전북문인들 앞에 큰 깃발 들고
앞장서서 휘날렸고
석정문학관의 주춧돌을 다듬기까지
온갖 정성을 쏟았습니다
그 아름다운 영혼을
이 땅은 오래도록 기억할 것입니다

이제 그 먼 나라에 가시면
그렇게도 그립던 석정님도 뵈옵고
목마 타고 흐느끼는 어여쁜 밀어들도
더 고운 이야기로 꽃을 피우시겠지요

그리고 더 넓고 크신
당신의 믿음, 절대자의 품에 안겨
빛나는 큰 재목으로 영생을 누리시겠지요

남아 있는 우리들
머나먼 길 잘 가시라고
손을 흔듭니다

부디
소라여!

곱고 굳세고 정의로운 당신

– 이호선 수필가 영전에

우리는 오늘
산도라지꽃빛보다 더 고운
가을 하늘을 바라보며

당신이 가시는 나라
푸른 별나라
그 길목 길목에 어둠발이 내리기 전에
어서어서 잘 살펴 가시라고
아쉬운 이별의 손을 나누고 있습니다.

멀리 소실점 밖으로 표표히 사라져가는
당신의 모습이 가물가물
어쩌면 하얀 눈송이 같기도 하고
향 맑은 매화송이 같기도 하고

우리는 그 청정하고 고고한
영혼의 빛살을 놓치지 않으려고
젖은 눈을 매매 닦아내고 있습니다

금사처럼 눈부시게 쏟아지는 햇살에 덮힌
당신을 태운 마차가 이따금씩
가다가 멈추다가
멈추다가 가다가
이승을 뒤돌아보는 모습이 눈에 어립니다

그러시겠지요

이 나라 이 겨레 이끌고 갈
수많은 동량을 길러 낸 대학도 저기저기
보이고
정의감에 불타
불굴의 정신으로 붓대를 휘둘렀던
언론사도 저기저기 보이고
높은 산의 에델바이스도 보이고
이 땅의 자유와 평화를 위해 고담준론을
펴면서
서로 이마 맞대고 고뇌하며 지혜를 모았던
정겨운 지인들도 저기저기 보이고

어찌 또 그뿐이겠습니까

“하늘의 별처럼 뭇 사람들의 가슴을 설레이게 했다”는
그래서 당신을 그렇게도 사랑했다는
당신의 사랑, 국명자 여사님과
당신의 사랑스럽고 자랑스러운 아들딸들이
영영 눈에 밟히시겠지요

우리는 당신과 함께
바람 불고
눈비 내리고
꽃 피고 새 우는 아름다운 이 강산을
누비는 동안
당신으로부터 너무나도 많은 유익한 삶의
가치를 익혔습니다
당신은
인간이 인간답게 살아가는 세상에
아낌없는 박수를 보내던 일이며
사악한 세상을 가차 없이 질타하던 용기며

탐욕과 불의가 저지를 종말과
무욕과 정의가 안겨줄 희망을
늘 노래했습니다

참으로 반듯하고 해박하기 그지없는
이 나라 국민의 한 사람이었고
한 여인에게는 최상의 남자인
남편이었고
자녀들에게는 멋지고 자상한
아버지였습니다

그리고 수많은 선후배 친구들에게는
미덥고 우정 넘치는 키 큰 사나이였습니다

이제 가시는 길에
곧 어둠이 내릴 것 같습니다
그 길이 몇 천만리인가
달밤이 될지
별밤이 될지

가시는 길 밝혀드리고자
우리는 마음의 등불 하나씩을 들고 서
있습니다

잘 가소서

남아 있는 우리들
봄 여름 가을 겨울
당신을 그리며,
"그 사람 참 좋은 사람이었지"라고
이야기꽃을 피울 것입니다

그 별나라에 가셔서도
곱고 굳세고 정의로운 자리 펴소서
부디 잘 가시옵소서

삼가 명복을 빕니다.